識相一本通

Body Language

從肢體語言摸清一個人

心理名師 夢夫人

前言

　　心理學家赫拉別恩曾經提出過一個公式：「資訊傳播總效果 =7% 的語言 +38% 的語調語速 +55% 的表情和動作。」

　　這表示，一個人向外界傳達完整的資訊，單純的語言成分只占 7%，而 55% 的資訊都需要由肢體語言來傳達。

　　肢體語言是一個人下意識的舉動，很少具有欺騙性，常常會「出賣」主人內心的真實想法。只要讀懂一個人的肢體語言，你就能輕鬆自如地破解那些意在言外的資訊，從而讀懂男人、看清女人，領悟他人微妙的

感情，隨心所欲地掌控局面。

清朝的名臣曾國藩具有異乎尋常的識人術，尤其擅長透過人的肢體語言來判斷對方的品德、性格、情緒、經歷，並對其前途做出準確的預言。

某天，新來的三位幕僚前來拜見曾國藩，見面寒暄之後退出大帳。

手下問曾國藩對這三人的看法。

曾國藩說：「第一個人，態度溫順，目光低垂，拘謹有餘，但魄力不足，只適合做刀筆吏。第二個人能言善辯，目光靈動，但說話時左顧右盼，神色不端，乃屬機巧狡詐之輩，不可重用。唯有這第三人，在帳外等了很久依然

是一副淡然沉著的樣子，回答問題有獨到的見解，聲若洪鐘，目光凜然，有不可侵犯的氣概，日後必成大器。只可惜，此人性情過於直爽，將來有可能會吃大虧。」

果然不出曾國藩所料，第三個被委以重任的年輕人，名叫劉銘傳，曾任臺灣第一任巡撫，顯赫一時。然而，由於他性情耿直，最終遭到小人的暗算，不得不黯然離開了官場。

每個人的肢體都會「說話」，如果你也想像曾國藩那樣透過一個下意識的舉動、一句不經意的話語，就能「讀」懂對方的心思，從而成為識人大師的話，不妨每天抽出 15 分鐘的時間來研究和學習他人的肢體語言。

如果你覺得這樣做太過麻煩，還有一個好的方法，那就是翻開這本書，一口氣讀下去，保證你在大呼神奇的同時，輕鬆成為人際關係的大贏家。

目錄

Chapter 1

識相
破解肢體語言的秘密

Chapter 2

會說話的心靈視窗
透過眼睛識人

Chapter 3

「頭頭」是道
透過臉部和表情識人

Chapter 4

誠實的手腳
透過舉止動作識人

Chapter 5

「第二皮膚」的語言
透過服飾搭配識人

Chapter 6

你所喜歡的從不說謊
透過個人喜好識人

Chapter 1

識相
破解肢體語言的秘密

什麼是肢體語言？

　　當一個美女對你抿嘴而笑時，她真的是對你有意思嗎？當一個人面對你時交叉雙臂抱在胸前，你知道他此刻的心理狀態嗎？你能分辨出真笑、假笑嗎？你的握手方式是否受歡迎？什麼動作會使自己看起來更自信？

……

　　日常生活中，人們在無意間做出的這些肢體語言，常常會暴露出內心深處的秘密。

　　肢體語言又稱身體語言，是指經由身體的各種動作來代替語言，達到表情達意的溝通目的。狹義言之，肢體語言只包括身體與四肢所表達的意義；廣義言之，肢體語言還包臉部表情以及習慣愛好等。本書的一個最大的特點，

就是在解讀肢體「有聲語言」（舉止動作），同時，還破譯了肢體的「無聲語言」（面相、體相的一些知識）。

　　要想真正理解肢體語言的涵義，可以從以下三點入手：

　　1. 一個人向外界傳達資訊時，單純的語言只占有很少的比例，絕大多少資訊都是透過非語言的體態來傳達的。如果你能夠細心留意對方的衣著打扮和肢體語言，就不難發現他的內心狀態和真實想法。

　　2. 肢體語言有時候是一個人下意識的舉動，當事人通常處於不自知的狀態。如果與人溝通時，注重對方一些無意識的小動作，你就可以瞭解和認清一個人的真實本質。

　　3. 衣服是人的「第二皮膚」，穿衣風格與水準，是其氣質與品格的另一個訊號，或端莊

典雅，或狂熱浮躁，都可以從著裝打扮上表現出來。

可見，要想真實、透徹地瞭解一個人，觀察肢體語言是識人的一種捷徑。透過破譯這些不經意間流露出的「密碼」，我們就可以開啟認準人、讀懂人的「鎖頭」。

2 正確解讀肢體語言的三大規則

規則一：具體了解

在解讀肢體語言的時候，切忌將每個表情或動作分離開來，要結合其他相關聯的表情或動作，進行全面的解讀。譬如說，抓頭所表示的涵義有很多，比方說尷尬、不確定、頭癢、健忘或者撒謊等，所以，其具體涵義應當取決於同時發生的其他表情和動作。

規則二：找尋連貫性

研究顯示，透過無聲語言傳遞的資訊所產生的影響力是有聲語言的五倍；兩個不同的人

進行面對面交流的時候，尤其當這兩個人都是女人的時候，她們幾乎會全部依賴於無聲的肢體語言進行交流，而無視話語所傳遞的資訊。

　　一般情況下，肢體語言所傳遞的資訊應該與話語表意相吻合，也就是說，兩種語言所表達的意思要完全一致。假如一個人口頭上表示贊同你的話，但透過肢體語言所傳遞的資訊卻是不認同，那麼，他很可能在撒謊。

 規則三：考慮環境因素

　　對所有動作和表情的理解，都應該在其發生的環境下來完成。比如，在寒冷天氣下行走的人，雙臂緊緊環抱於胸前，之所以擺出這種姿勢，很有可能是因為他很冷，並不是因為他想保護自己。

Chapter 2

會說話的心靈視窗

透過眼睛識人

1 識人先看眼：
眼睛的大小、凹凸與性格

　　人的眼睛和舌頭所說的話一樣多，不需要字典，只要讀懂眼睛的「語言」，你就能瞭解一個人的內心世界。

眼睛的大小關係感性與性格

（1）眼睛大的人，總地來說，性格開朗直率，
　　　感性敏銳，但是缺乏耐性。大眼睛的女

性，有魅力、心腸軟，容易受到誘惑，性情忽冷忽熱，比較任性；大眼睛的男性，敢作敢為，自負驕傲，熱衷於追求物質享樂，缺乏心機和耐性。

（2）眼睛小的人，總地來說，性格保守，生活樸實，適應能力差，但是能保守秘密且具耐性。小眼睛的女性，性格內向矜持，不善於表達自己的情感，常常給人一種冷淡、規矩的印象；小眼睛的男性，思慮細密，能夠謀定而後動，很少犯錯。

（3）一個人雙眼的大小往往有細微的差異，
　　如果右眼大於左眼，男性非常紳士，懂
　　得尊重女性；女性則是一副大女人的形
　　象，認為自己就是家庭和事業的中心。
　　反之，男性有強烈的大男人主義傾向，
　　女性溫順賢慧，一副小鳥依人的模樣。

（4）一個人雙眼的大小有明顯的差異，謂之
　　「陰陽眼」、「雌雄眼」，大多好勝心
　　強並且擅長權術。

從側面觀察，可以明顯看出一個人眼睛的
凸與凹

（1）眼睛外凸，一種是相經上的「桃花眼」，
　　這樣的人喜歡拈花惹草，隨時都有可能
　　引發桃色危機；另一種是大嘴巴，口無
　　遮攔，不能保守秘密。

（2）眼睛微凸，這樣的人能夠很妥善地控制自己的情緒，擅長公關，是個八面玲瓏的外交家型人物。

（3）眼睛凹下，這樣的人個性執拗，不善於處理人際關係，但善於分析，肯下苦功，適合研究工作。

2 從眼球的轉動、眼皮的張合、視線的轉移速度和方向看深層心理

眼睛是心靈之窗，是最傳神的器官，人的七情六慾都可以在眼中表露出來。

在現實生活中，想洞悉一個人的想法，看看他的眼睛，即可瞭解七、八分。

- 平常時，眼珠習慣性左右轉動的人，表示生活處於不安的狀態中，缺乏足夠的自信，甚至有自欺欺人的說謊習慣。

- 談話時，眼珠轉動自然的人，心地坦蕩；如果對方的眼珠骨碌碌亂轉，輕者正在心中盤算著惡作劇來捉弄你，重者是想如何利用你來達到自己的目的。

- 談話時，突然向上翻眼珠的人，表示他對於你說的話有所懷疑。

- 斜眼看人，性格上大多有某種未知的缺陷，比如嫌貧愛富、斤斤計較等，要不然就是居心叵測，正在打什麼歪主意。喜歡斜眼看人的女性，貪圖享樂，容易給人一種嫵媚和不規矩的感覺，尤其是眼睛大的女性，更容易讓人想入非非。

- 長時間閉眼、遮住雙眼或者揉眼睛的心理潛

臺詞是「我根本不想聽到這件事」。比如，老闆要求員工加班，員工可能會邊揉眼睛邊回答「沒問題」。事實是，他壓根兒就高興不起來。

- 緊張或困惑會導致眨眼頻率增加，當一個人撒謊或感覺壓力大時，可能不知不覺地頻繁眨眼。

- 擠眼睛的動作會使一個人在一瞬間非常有魅力。這個動作所傳達的意味，包括表明和某人之間的默契、表示共同的看法，以及強烈的挑逗意味。

- 一個人在交談中瞪著對方，身體顯得非常僵硬時，說明他已經意識到自己的謊言或者陰謀即將被揭穿，便做出一種看似非常鎮定的姿態，藉此迷惑對方，或者做面對事實的心理準備。

- 臉稍低下而抬眼看你說話的人，表示你所說的話忽然引起了他的注意；如果一直保持這個姿勢，表示他對你說的話持否定態度。

- 初次見面，先移開視線的人，性格較為主動和強勢，要小心應付；談話時，避開你的視線，臉稍向下，或者向下注視，表示這個人缺乏自信，常常逃避現實和責任；視線游移不定，不敢與你正視的人，大多心懷鬼胎，不安好心，不是做了對不起你的事情，就是想算計你；看異性時，並不是把視線移開，而是閉上眼後，再翻眼望一望，如此反覆，就是尊敬和信賴的表現。

3 眼神表明心跡

在古希臘神話中，有姐妹三怪人，人們只要一接觸
其中一位名叫梅德莎的眼光，便立刻化為石頭。這
個神話故事充分說明了眼神的威力。

27

- 當一個人在與他人交談時，眼神總是閃爍不定，說明其內心正在做複雜的思想爭鬥。或是在為一些事情擔憂，無心交談；或是不知如何道出自己內心的擔憂。

- 當一個人在仔細聆聽對方講話時，突然兩眼放光，眼睛一下明亮起來，這種情況，說明講話者所說的話，道出了此人的心聲。

- 一個人被別人看久了，會覺得被看穿內心或被侵犯隱私權。

- 美國加利福尼亞大學的研究者，透過對 300 名男女進行跟蹤記錄發現，男女在見面時，假如對眼前的異性有好感，就會下意識地看對方的眼睛。如果只看一眼異性，就故意將視線移開的人，恰恰表明其渴望與異性交往，這是心理的反向作用。凡是目不轉睛注視對方，而不將視線移開的女性，流露出她內心隱藏著某種秘密。

Chapter 3

「頭頭」是道

透過臉部和表情識人

1 頭髮透露人的內在資訊

頭髮起著與人交流的作用，不同的髮質和髮型顯示著人的不同性格。早在 1450 年，米凱萊・薩沃納羅拉就在他的《面相學的鏡子》一書中說，溫熱質的人頭髮粗，冷質的人頭髮細，濕質的人頭髮韌；濕熱質造就勇猛激烈的靈魂，而冷質造就怯懦的靈魂，因為體液決定性格。

髮質與人的性格

（1）頭髮平滑細軟的人，性格多半溫柔；頭髮粗直且硬的人，大多個性剛直，為人豪爽，不拘小節，喜歡行俠仗義。

（2）頭髮濃密而且很黑的人，做事情有條理，很有智慧，懂得發揮自己的長處，有理想，有抱負，是典型的事業型人才。

（3）頭髮稀少，並且髮質很細，這種人心機很重，缺乏氣概和寬容心。

（4）頭髮稍禿的人做事情很勤奮，認真對待工作，對自己本分內的事情具有很強的責任感。

（5）頭髮自然鬈的人，個性十足，喜歡表現
自己，常常給人帶來驚喜。

從髮型看男人

（1）簡潔的短髮——鐵骨硬漢型，這種男人

33

有自信、有野心，組織能力比較強，具
有一定的領導才能。

（2）硬而直的中短髮——陽光大男孩型，這
種男人個性率真、爽直，善惡分明，做
事常常憑自己喜好，缺乏周密的計畫。

（3）飄逸的長髮或鬈髮——浪漫藝術家型，
這種男人含蓄世故，又大膽前衛；不甘
心被人領導，卻渴望能夠駕馭別人。

（4）大器而流暢的髮型——成熟男人型，這
種男人穩健、寬容、做事有尺度。

（5）清爽的短直髮，或帶波浪的中短彎髮——
精緻戀人型，這種男人對流行元素比較
敏感，十分在乎自己外在的形象。

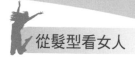

（1）飄逸的過肩髮，這樣的女性清純、浪漫，
　　個性溫柔，較為傳統。

（2）過肩波浪型長髮，這樣的女性對事業有
　　強烈的野心，認為成功的事業是增強自
　　己魅力的籌碼。

（3）沒有任何修飾的長髮，這樣的女性注重的是內在的事物，希望給別人留下有深度、有涵養、不輕浮的印象。不足之處是，缺乏開拓精神和創新精神。

（4）短髮，這樣的女性講究效率，會把自己的生活安排得井井有條。

（5）梳髻，這樣的女性端莊自律，家庭觀念強。

（6）紮辮，這樣的女性生活往往一絲不苟，少有變動，但往往自我封閉，將別人的觀點拒之於門外。

2 觀額頭然後識人性

額頭即面相中的「天庭」，人們常說，天庭飽滿者，
運勢都不會很差。

 男人的額頭面相

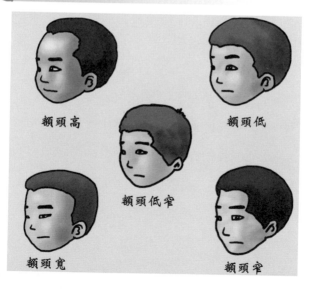

額頭高

額頭低

額頭低窄

額頭寬

額頭窄

（1）額頭高的男人，社會活動能力較強，交際廣泛，但是有些自大。

（2）額頭低的男人，性格比較內向，不善於社交。

（3）額頭寬的男人，比較知性，能冷靜地判斷對錯是非。額頭愈寬愈驕傲，自戀的傾向也愈強。

（4）額頭窄的男人，思維不敏銳，但做事勤懇。額頭愈窄，幼稚的性格愈明顯，有感情衝動的傾向。

（5）額頭低窄的男人，智力不足，運氣不佳，容易學壞。

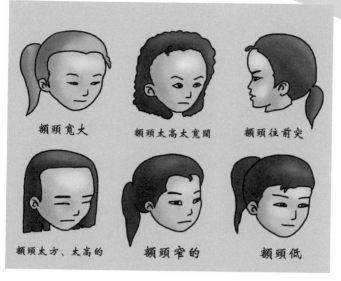

額頭寬大　　　額頭太高太寬闊　　　額頭往前突

額頭太方、太高的　　　額頭窄的　　　額頭低

（1）額頭寬大的女人，聰明伶俐，心胸寬闊，
　　但不擅長自我控制，缺乏實幹精神。

（2）額頭太高太寬闊的女人，有些貪心不知
　　足。

（3）額頭往前突的女人，感情豐富，但是沒有男人緣。

（4）額頭太方、太高的女人，能力強，事業心重。

（5）額頭窄的女人，屬於常說的尖刻面相，嫉妒心強。

（6）額頭低的女人，考慮問題不周詳，不利於從事思考、分析的工作。

眉毛決定你的性格和人生

眉目傳情，一對眉毛的好壞，不僅會影響自身的面貌，還可以觀其眉知其性。

看眉毛選人才

（1）眉毛濃密，是培養高級幹部的上選人才；眉毛粗代表注重工作上的大事，眉毛細則注重生活上的小事；眉毛稀少的人性情較穩健，知識較豐富，但缺乏進取心；

眉毛生長得雜亂無章，這樣的人理解能力差，智力一般，很難在事業上有所成就；眉短的人性格急躁，不喜拖泥帶水。

（2）眉毛直立的人，是個功利主義者，雖然是可用之人，但人際關係很差。

（3）眉毛逆生、叢雜散亂、在中間突然中斷
　　的人，都不是可用的人選。

9 種眉型看透你

（1）兩眉成八字形的人，為人精明能幹，大
　　智若愚，人緣較好，即使遇上困境，也
　　能得到貴人的幫助。

（2）眉毛的起始端向下低垂，猶如龍頭；末
尾端向上翹起，猶如虎尾。有此眉相的
人，嫉惡如仇，個性堅毅，擁有霸氣。

（3）左右兩邊的眉毛比較直，像個「一」字，
說明自身比較主觀固執，道德感強。

（4）通常人的左右兩眉都是分開的，然而有
　　些人的兩眉中間會斷斷續續連在一起，
　　說明此人心胸狹窄，器量較小，事業上
　　難有大的成就。

（5）眉毛與眼睛的距離很近，好像壓住眼睛
　　一般，此人性格懦弱，怕老婆。

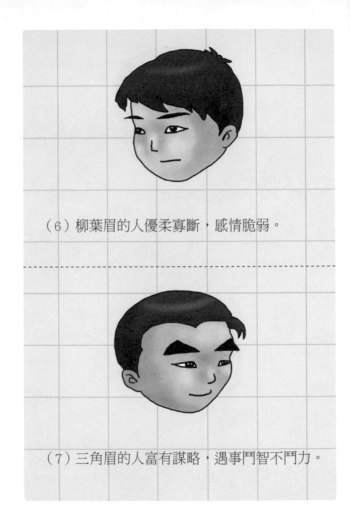

（6）柳葉眉的人優柔寡斷，感情脆弱。

（7）三角眉的人富有謀略，遇事鬥智不鬥力。

（8）新月眉的人，待人誠懇，開朗快樂，頗
　　有才華。

（9）挺拔劍眉的人，性格鮮明，做事比較獨
　　立，有自己的想法，在愛情上佔有慾較
　　強。

4 鼻子大有玄機

既然人五官中的眼、嘴甚至是眉毛，都能顯示一個人的性格，鼻子當然也不能例外，它能很清楚地告訴我們，自己的主人有著什麼樣的性格特徵。

你的鼻子是哪種型？

（1）長鼻子，這種鼻子的人富有理性，又具有美感，社交能力欠缺，喜歡獨處。

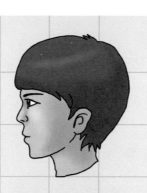

（2）短鼻，這種鼻子的人個性開朗，沒有主
　　見，容易受他人影響。

- -

（3）希臘鼻（鼻梁非常挺直，成一條有坡度
　　的直線），這種鼻子的人品味高，對藝

術有很好的理解能力，是一個理想主義
者。但是過於自信，給周圍的人，一種
不容易來往的感覺。

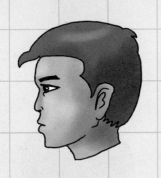

（4）矮小鼻，這種鼻子的人性情懶惰，缺乏
改變生活的勇氣，如果失敗，就會一蹶
不振。如果是女性的話，缺少倫理觀念，
容易被男性玩弄。

(5) 凹陷鼻（指鼻梁不是一條直線，也不是
　　隆起，而是凹陷的），這種鼻子的人性
　　格開朗，對陌生人有一種莫名的親和力。

(6) 直線鼻（鼻型呈一直線，和希臘鼻不同

的是，這種鼻型比較低一點），這種鼻子的人對細小的事情顧慮太多，比較自私，很受異性的歡迎，也很容易被對方拋棄。

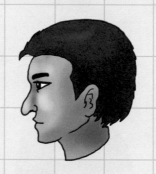

（7）鷹勾鼻，這種鼻子的人，無論男女都是工於心計的高手，為人刻薄、教條，自以為是。

（8）段鼻（鼻梁中間呈段層狀的鼻相），這
　　種鼻子的人多半頑固、性格具有強烈的
　　攻擊性又欠缺協調性，也正是這樣而經
　　常得罪人。

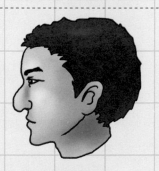

（9）袋鼻（鼻梁略帶弧形，鼻頭則下垂成鉤

狀），這種鼻子的人金錢至上，是典型
的守財奴。

（10）袋鼻變形（和前面的袋鼻不同的是，袋
鼻的肉厚，而這種鼻子在整體而言肉
薄，還帶著一點時髦感），這種鼻子
的人對人非常親切，絕不會犧牲別人
的利益來滿足自己的私慾。

（11）蒜頭鼻，這種鼻子的人極具創造力，喜歡用新方法解決問題，好奇心強，愛表達自己情緒，有個人魅力。

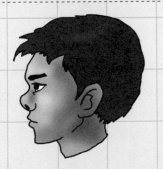

（12）朝天鼻，這種鼻子的人頭腦機敏，生存能力強，帶有一定的攻擊性。

鼻子的「潛臺詞」

（1）鼻頭冒出汗珠時，表明對方心理焦躁或緊張。

（2）交談中，對方的鼻子稍微張大時，通常意思就是得意或對你說的不滿，或情感有所抑制。

（3）皺鼻子表示厭惡；歪鼻子表示不信任；抖動鼻子表示緊張；鼻孔擴張代表發怒或恐懼；哼鼻子是排斥。

5 嘴巴沒有說出的秘密

「口大膽量大，口小膽量小」。從一個人的嘴巴，就可以看出性格的優劣、意志的強弱。

由嘴巴的形狀，可以瞭解一個人的性格

（1）嘴巴大的人，多屬樂天派，處理事情公道，為人性情隨和。如果女性嘴巴大，則表明意志堅強、有能力。

（2）嘴巴小的人，氣魄小，要求也少，心地
單純，容易被別人說服，顯得很溫柔，
缺乏自主的能力。這種人適合做重複性
的工作。

（3）嘴巴尖的人，心眼小，嫉妒心理重，報
復心強，脾氣火爆，喜歡逞強好勝。

（4）嘴巴合不攏的人，最喜歡吹牛，為人虛浮。

（5）嘴巴緊閉的人，判斷力強，承擔風險的能力也很強。嘴小又緊閉的人，看似斯文、靦腆、羞怯，一旦遇到大事，臨危不懼，鎮定自若。

（6）口角朝下的人，傲慢偏執，但做事有恆心。

 聽一聽「唇語」

(1) 嘴大、上下唇皆厚的人，熱情大方，凡事提得起，丟得開。脾氣溫和，身體和精神都很好。

(2) 嘴唇厚，臉頰豐滿的人，忠厚穩重，講情誼，極有人緣。如果是女性，內心情感豐富。

(3) 上嘴唇厚的人，富有人情味，家庭觀念強；上嘴唇薄的人，不善言詞，大多性格內向，為人醃醭。如果是女性，性子急，感性強於理性；嘴唇薄的人，人情味也很淡薄。

(4) 上嘴唇突出的人，對感情很專一，一旦遭到打擊，很長一段時間都爬不起來；下嘴唇突出的人，頑固、孤僻、固執己見。

（5）嘴唇鬆垂的人，耐力差，做事難以持續，
　　　優點是做起事來雷厲風行，十分快速。

從嘴角的弧度瞭解對方性格

（1）平常嘴角就上揚的人，開朗活潑，很愛
　　　說話且個性直率，然而也有喜怒無常、
　　　不夠專一的一面。

（2）嘴角無力下垂的人，經常會心情憂鬱，
　　對任何事都很消極，對身邊的事物也沒
　　有愛好或不關心，很少顯露喜怒哀樂的
　　情緒。

（3）嘴角兩端用力往下嘟著的人，表示心中
　　有鬱悶的事情，一旦開始對人批評或有
　　所抱怨，就會像洪水決堤一樣，一發不
　　可收拾。

（4）嘴角尖尖噘起的人，表示心中有許多話
　　想說。

（5）嘴角鬆弛往下垂的人，對於他人積極的
　　行動無法快速反應，講話拐彎抹角，也
　　有過於拘泥小節的一面。

（1）牙齒潔白、整齊而堅固，又與臉型配合
　　勻稱的人，表示性格明朗、樂觀、熱情
　　且富有行動力。

（2）門牙大的人，表示活動旺盛，而性慾也
　　很強烈。

（3）上下牙齒都很小的，其警戒心強而嫉妒心也深。

（4）暴牙的人，雖富有行動力，但好饒舌，且任性固執，不知收斂而令人側目。

（5）牙齒參差不齊的人，因性情剛躁、容易衝動，所以跟配偶之間無法和睦相處。

（6）牙齒稀疏的人，性格開朗爽直，沒有心機，最大的缺點是不能保守秘密。

（7）疊齒的人，能力很出色，自信心強，容易產生自負心理，人際關係不融洽。如果是門牙重疊的女性，則喜歡挑撥是非。

從下巴形狀看準對方

（1）下巴纖細的人，有出眾的審美判斷力，
　　對細微之處常有獨特的見解。

（2）下巴半月形的人，性格外向，善於交際，
　　有良好的人緣。

（3）下巴四方形的人，具有領導能力，做事
　　認真，會全心投入到工作中。如果是女
　　性，大多個性隨和，態度親切。

（4）下巴寬廣圓潤的人，真誠善良，溫柔體
　　貼，容易受到異性的仰慕，幾乎是一個
　　完美的人格形象。

（1）下巴抬高，是驕傲自大的意思，這種人
　　有很強的優越感，對別人所取得的成績
　　往往不屑一顧。

（2）下巴縮起，是懦弱、氣餒的表現，這種
　　人做事人小心謹慎，對待工作認真負責，
　　缺點是疑心重，不會輕易相信他人。

（3）伸長下巴，表明此人極度疲乏，需要很好地休息。

（4）突出下巴，不論男女，都被認為是具有攻擊性的一種行為，帶有挑釁的意味。

（5）接觸下巴，是一種自我親密的表現，在喪失自信、不安、孤獨、話不投機的尷尬場面中經常出現的動作，想藉此掩飾自己內心的不安。

脖子好、壞也有學問

（1）如果個人身材較胖，則脖子以短一些為
　　佳；如果個人身材偏瘦，則脖子以偏長
　　一些為佳，但不可過長。

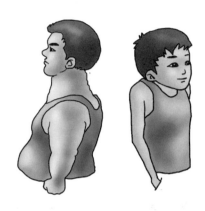

（2）如果胖人脖子偏長，瘦人脖子偏短，那
　　麼這種人往往在工作生活中會遇到不如
　　意，容易發生口舌之爭。如果一個人的
　　脖子過長，看上去與身體比例極不協調，
　　這種人往往嫉妒心較強，人際關係不佳。

6 笑中有深意

一張笑臉最能討人歡心，但笑的方法有很多種，並且在笑的時候，口形和表情也會有顯著不同，現在，就從各種笑容裡判斷一個人的個性吧！

- 開口大笑的人，性格開朗，知足常樂而有福氣。但要注意，有的人外表看起來豪爽，然而內心有強烈的自卑感與不安，就會用大笑來隱藏。

- 抿著嘴笑的人，容易輕視他人，並且絲毫不加掩飾，沒有責任感，總是推卸責任。這種笑，有時會讓人覺得不舒服。

- 發出咻咻笑聲的人，性情溫順保守，一副老好人的樣子。假如故意這麼笑的話，就有嘲笑人的因素在裡面。

- 閉著嘴巴而在喉嚨裡乾笑、冷笑的人，有很強的自尊心，老成世故，為人斤斤計較，容易翻臉無情。

- 用手心捂著嘴巴笑的人，個性怯懦，做事拘謹，害怕別人的指責和批評。如果是女性，則表示文靜、內向而矜持。

- 用手背遮擋著嘴巴笑的人，傳達出一種迎合之意，女性多在戀人面前才有此種表現，如果見於男性，則有女性化的傾向。

- 笑得前仰後合的人，為人坦蕩而不拘小節，很有人格魅力。

- 皮笑肉不笑的人，理性強悍，沉著冷酷。

- 只有眼睛在笑的人，表示做事胸有成竹，聰明且自負。

- 假笑的人，帶有「我會服從你」意味的笑臉，表示心懷不安或有擔心的事，有「請幫助我」、「請關心我」的動機。此外，還傳達出「想和你成為好友」的訊息。

- 笑的時候，臉色變紅或變白，表示心裡不安或懷有強烈的恐懼。

- 縮著嘴笑的人，自卑虛榮；撇著嘴裝出笑容的人，內心自卑而不安。

- 抑制自己不發出笑聲的人，聰明理智，常常以自我為中心，很會體貼別人。

- 笑聲尖銳的人，為人小心謹慎，略有些神經質，潛意識裡希望得到別人的關注和重視。

- 笑聲多變的人，是情場高手，喜歡與不同的女性交往，並樂此不疲。

Chapter 4

誠實的手腳
透過舉止動作識人

手是「第二張臉」

手是人的第二張臉，在生活中，如果你仔細觀察每個人手的形狀、色澤等，就能窺探出這個人些許的性格特徵。

 手掌的「語言」

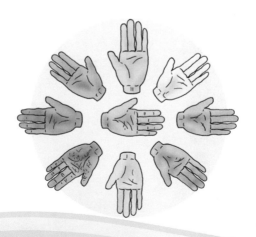

（1）手掌剛硬的人，意志堅強，做事腳踏實地。

（2）手掌粗糙的人，有男子氣概，但反應比較遲鈍。如果是女性，則偏男性化，往往飛揚跋扈。

（3）手掌柔軟的人，品行端正，對人真誠，但虛榮心比較強，好逸惡勞。

（4）手掌細膩的人，溫柔體貼，天性敏感，若是男性則過於女性化。

（5）手掌黝黑的人，細心有耐性，但比較遲鈍。

（6）手掌白皙的人，頭腦靈活，考慮問題周

到,善於抓住機會。但顧慮較多,容易
自尋煩惱。

(7) 手掌粉紅的人,精力旺盛,性格開朗,
內心充滿希望。

(8) 手掌紅潤的人,精力旺盛,做事認真負
責,但粗暴易怒,情緒不穩定。

(9) 手掌蒼白的人,自尊,任性,缺乏同情
心。

(10) 手掌青紫的人,敏感,容易悲觀,容易
被他人的看法所左右。

(11) 手掌較大的人,性格保守,通常行事謹
慎。如果是女性,往往不擅長處理人
際關係。

（12）手掌較小的人，反應敏捷，做事雖無計畫，但總能抓住機會，獲得成功。

（13）手掌較長的人，通常心地善良；手掌較短的人，通常自私自利。

手指的「語言」

（1）尖形手指的人，注重理想、美感、空想，是一個幻想主義者，喜歡生活在自己劃定的小天地裡。女性指尖，善理家務；男性指尖，好逸惡勞。

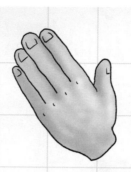

（2）橢圓形手指的人，有同情心，情緒不穩
    定，容易衝動，有藝術細胞，擅長創造。

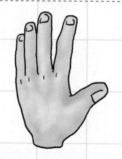

（3）男性手指方形或橢圓形，有剛強之美，
    獨立性強，有進取心；女性手指為方形
    或圓形，性急、脾氣暴躁。

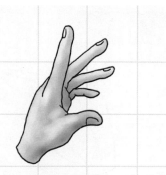

（4）手指完美，指甲圓潤的人，往往性格直
　　率，敢做敢為，但脾氣比較急躁。

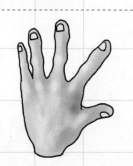

（5）指尖無縫、指節稍大的人，有魄力，行
　　事不拘小節，勇於承擔風險，但容易感
　　情用事。

指甲的「語言」

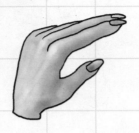

（1）指甲長的人，通常性格內向，有藝術家
　　　氣質。

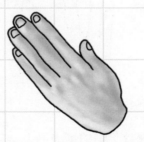

（2）指甲短的人，通常頭腦清晰，努力刻苦，
　　　但輕浮淺薄。

（3）指甲寬闊的人，通常性格外向、人際關係良好，但過於自信，不善處理棘手的問題。

（4）指甲狹窄的人，通常膽怯畏縮、警惕性高，因目標過大，往往以失敗告終。

（5）指甲圓潤的人，通常性格爽朗，善於處
　　理人際關係、朋友眾多，但容易情緒不
　　穩定。

2 兩手相握學問多

握手的禮儀源自歐洲，最初的目的是為了讓對方看清楚自己手中並沒有攜帶武器。隨著社交禮儀的發展和豐富，握手逐漸演變成一種友好的表達方式。

有心人透過握手就可以感覺到對方是真誠還是虛偽，因為不同的握手習慣，已經將一個人的內心想法公諸於眾。

觀察伸手的方式

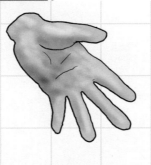

（1）五指大張而伸出手的人，性格開朗，不
　　拘小節，為人誠信耿直，有良好的人際
　　關係。

（2）五指合併，整齊而伸出手的人，做事有
　　計畫，工作也十分努力，但缺乏魄力和
　　決斷力。

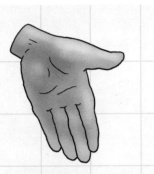

（3）大拇指張開、四指併攏而伸出手的人，
聰明誠實，規矩可靠，但是交際能力差，
不做無謂的浪費而顯得小氣。

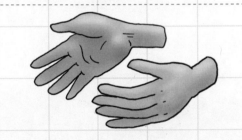

（4）雙手一起伸出來握手的人，為人圓融，
性情穩定，有原則，不容易受到別人的
影響。

（5）用力伸出手而手背後彎的人，活潑敏感，
　　口齒伶俐，處理問題游刃有餘，但是常
　　給人一種不易親近的錯覺。

（6）縮曲著手指而伸出手的人，為人小心謹
　　慎，思維縝密，喜歡穩定的生活。

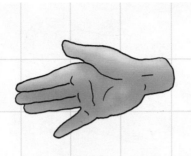

（7）小指張開而伸手的人，意志力薄弱，有
很強的自卑感，不善於表達自己的情感。

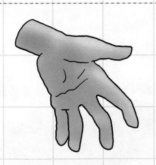

（8）食指和中指張開而伸手的人，自我意識
很強，喜歡我行我素，處理問題往往獨
斷專橫。

（9）中指和食指、無名指分開而伸手的人，
喜歡追求新奇和刺激，討厭一成不變的
生活，但對於未來又缺少計畫。

由握感判斷性格

90

（1）先伸手而握感有力的人，善於交際，是個值得信賴的人。

（2）用力握手的人，是在向對方表達誠意和善意。

（3）伸出雙手來握一手的人，熱情友善，但也有依賴對方的傾向。

（4）彼此都伸出雙手來互握的人，是在向對方表達一種毫無虛偽的誠意。

（5）握手時將拇指緊附在對方手背上的人，熟悉社交禮儀，是一個可以放心交往的人。

（6）拇指虛浮而未用力握手的人，如果不是

敷衍、輕視，就是小心拘謹，性格自私，
生活簡樸近於吝嗇。

（7）緊握雙手而許久不放的人，這種人有所
依賴、請求或野心，也許他的心中別有
用意，用握手來試探你對於談話內容的
反應，以便決定請你幫忙或者是利用你。
遇見這種情形，你要透過觀察對方的神
色和眼睛來推斷他內心真實的想法，也
許他只是誠心想回報你的友誼。

（8）一握手就立即放下縮回的人，性格偏激，
做事乾脆，但是容易走極端。

（9）將握著的手拿來放入自己雙手中的人，
對與之握手的人充滿了信賴和仰慕。

（10）後伸手的人，個性溫和善良，比較拘謹
　　　膽怯，做事缺乏主動。

（11）用力握手還要搖搖幾下的人，表示熱情
　　　與誠意，說明兩個人互相信賴而且有
　　　默契。

 由掌心的溫度來研判

（1）溫暖的手，這種人是天生的樂觀主義者。

（2）冰冷的手，這種人雖然為人誠實熱情，
　　　但重視面子，還愛擺臭架子。

3 手勢顯真意

從一個人談話時的手勢，可以看出這個人的性格，
以及此刻的心理狀態。

- 講話時用手摸頭髮的人，非常在意別人對自
  己的看法，對過去不愉快的經歷常常耿耿於
  懷。

- 講話時抱著胳膊的人，大多是對對方沒有好感，心理上產生了排斥。有些時候是不想聽對方說話，想結束談話的表示。

- 講話時兩手握在一起的人，抱著認真的態度和對方說話，但在下意識裡還是很緊張的。

- 講話時喜歡把手插在口袋中的人，是想把自己深藏起來，不想暴露自己的個性與弱點。

- 講話時喜歡把手交叉著放在胸前的人，自負自大。

- 在與他人交談時，常喜歡拼命地揮動雙手，也有的習慣性地把雙手牢牢握住，都表示當時的緊張情緒，或異常興奮。

- 若使兩手相握，或是相搓手掌或手背的人，大多有自卑感；將手指關節弄出聲響的人，表示此人情緒不穩，隨時處於焦慮之中。

- 講話時雙手很自然地向下垂，或者輕輕握住的人，個性溫和熱情。

- 說話時有咬手指習慣的人，可能是個夢想者。

4 透過走路的姿勢和力度識人

觀察一個人怎樣走路，就可以從中透視他的內心和性格，這實在是一件妙趣橫生的事情。你不妨也做個細心的人，仔細觀察一下周圍的人，相信你一定會有意想不到的收穫！

 根據走路的速度和力度來看準對方

（1）走路四平八穩的人，精明穩健，凡事三思而行，從不好高騖遠，重視信義和承諾。但有時性格有些固執，這也多少影響了他的事業。

（2）走路急促的人，性格一般比較急躁，但做事認真負責，喜愛接受各種挑戰，經常給人帶來一些意想不到的驚喜。

（3）走路腳步輕快的人，心無城府，性格開朗，是一個很容易接觸的人。

（4）走起路來很斯文的人，性格溫順膽小、保守而近乎頑固，但遇事冷靜沉著，不輕易發怒。

（5）舉步緩慢、躊躇不前的人，為人軟弱，

逢事顧慮重重，簡直有點杞人憂天。優
點是憨直無詭，重感情。

（6）走路速度和跨步一致的人，多有領導才
能。這種走路姿勢是一種權威的象徵。

根據走路時身體的形狀看準對方

（1）走路時昂首闊步的人，思維敏捷，比較
自我，做事往往以自我為中心，不喜歡
經營人際關係。

（2）走路時上身向前微傾的人，個性平和內
　　向，不善於言談，與人相處時，表面上
　　沉默冷漠，內心卻極重情義。

（3）走路搖曳多姿的人（在女性身上比較常

見），大多心地善良，坦誠熱情，容易相處，永遠是社交場合的中心人物。如果男人走起路來左搖右擺，前顧後傾，則性格與同類型女人大相逕庭，這樣的男人好裝腔作勢，做事沒有責任感，善於諂媚，是十足的小人形象。

（4）走路時步履整齊、雙手規則擺動的人，
有堅強的意志力，但在決斷事情時偏重
主觀，甚至有點武斷獨裁，常常為了達
到自己的目標與理想，會不惜犧牲一切。

（5）走路時左觀右望、躲躲閃閃的人，自卑、害怕與人交往，很在意別人對自己的評價，天生愛貪小便宜，人緣不佳。

（6）走路如同喝醉酒一樣的人，心地善良，
　　慷慨好施，愛熱鬧、健談，喜歡戶外活
　　動，因此人緣極佳。唯一的缺點就是思
　　想簡單，做事粗心大意。

（7）走路時總喜歡頻頻回頭的人，性情比較
　　孤僻，不太善於和人交談，自我意識很
　　強，疑心重，往往無事生非。

（1）走路時雙腳向內或向外勾，形成「八字型」的人，不喜歡交際，頭腦聰明，性格虛偽守舊，一般在事業上難以成功。

（2）步型比較隨意、沒有什麼固定姿勢的人，性情達觀、不拘小節，慷慨講義氣，有創立事業的雄心。但有時與人爭執時會誇大其詞，不輕易讓步。

（3）走路時胸膛挺起、舉步快捷、雙足落地有聲的人，胸懷大志，理智與感情並重，坦率真誠，想什麼就說什麼，人際關係頗佳。

（4）走路時腳尖向內的人，做事扭扭捏捏，
　　　總會慢半拍，膽小怕事，甚至不敢開口
　　　發表意見；走路時腳尖向外的人，有自
　　　己的觀點，做事積極，不會畏畏縮縮，
　　　性格開朗，待人真誠，常能輕而易舉地
　　　打開人際關係上的僵局。

（5）走路時腳趾不著地的人，頭腦冷靜，情緒穩定，對金錢過分看重。

5 站有站「相」

身體語言往往比嘴巴更誠實，嘴巴經常有意識地撒謊，身體語言卻是無意識地流露出真實狀態。仔細觀察一個人的「站姿」，往往可以「讀」出一個人的性格特徵。

- 習慣把雙手插入褲袋，這類人城府比較深，性格偏內向、保守，不善言談，不會輕易向人表露內心的情緒。

- 一隻手插入褲袋，另一隻手放在身旁，這類人性格複雜多變，情緒不穩定，對待朋友冷熱無常，人際關係較差。

- 雙目平視站立，這類人非常有自信，性格比較開朗，對生活充滿了希望和嚮往，屬於樂天派。

- 彎腰曲背，這類人性格封閉、保守，自我防衛意識非常強，經常有惶恐不安或自我抑制的心情。

- 雙手疊於胸前站立，這類人的性格極為堅強，過分重視自己的利益。如果他在談話時身體微微往一邊傾斜，則表明他不喜歡你，你最好趕緊找個理由離開。

- 兩手叉腰而立，這類人在自信心和精神上有著絕對的優勢，對眼前所發生的事情有了充分的準備。

- 雙手置於臀部，這類人十分固執，認定的事情絕不會輕易改變。

- 雙手握於背後，這類人很有紀律，看重權威，對工作認真負責，能接受新觀點和思想。缺點是情緒波動比較大，常常給人一種難以捉摸的感覺。

- 兩手雙握置於胸前，這類人信心十足，對自己所做的一切都躊躇滿志，十分有把握。

- 雙腳合併，雙手垂置身旁，這類人保守、傳統甚至有些古板，但誠實可靠，有很強的毅力，絕不輕易向困難低頭。

- 倚牆而站，這類人多是因為失意而心情不好，他們一般對人都比較友好，說話比較坦

白，容易接納別人。

- 別腿交叉而站，這類人缺乏自信心。如果對方是陌生人，則表明有點害羞。

- 不斷改變站立姿態，這類人性格急躁，思維活躍，喜歡接受新的挑戰。

6 透過肩部動作識人

肩部是人體活動比較自由的部位，可以上下活動，從而縮小或擴大身體的勢力範圍，它的「語言」是十分豐富的。

- 聳肩的動作，表示對某人或事物的無可奈何的態度。

- 縮肩是縮小勢力範圍的動作，表示不安或恐怖。

- 沉肩則是擴大勢力範圍的動作，基本涵義是展示自我的存在，威懾對方。

怎麼想就會怎麼「坐」

生活中處處都有坐具,也隨處可見坐姿各異的人。
心理學家研究發現,透過一個人的坐姿,也可以瞭
解到其性格和心理特點。

想應聘　什麼職位?　　我想

招聘

● 一隻腳別在另一條腿的後面

　　這是難度較高的坐姿之一，通常出現在初涉社會沒有自信的人身上，他們所表達出來的心態是膽怯、羞澀和缺乏信心。

● 身體蜷縮成一團，雙手夾在大腿中間

　　這種坐姿，顯然是下級犯了錯誤聆聽訓斥時的姿勢。他們透過這樣一種畢恭畢敬的姿

勢，表明自己已經認識到錯誤，並會以謙遜的
態度繼續學習、改正，從而完善自我。

真是個美人坯子

● **身體前傾，直視對方**

這種坐姿表明對方態度誠懇，十分尊重與
之交談的人。透過這種姿勢傳遞的信號，我們
不難得知對方的尊重和信任。

我現在就是 百獸之王

- 蹺著二郎腿坐著，無論哪條腿放在上面，都很自然

說明此人比較有自信，懂得如何生活，周圍的人際關係也比較融洽。如果蹺著二郎腿坐著，並且一條腿勾著另一條腿，那說明這個人為人謹慎、矜持，沒有足夠的自信，做事甚至有些猶豫不決。

● 腳尖併攏，腳跟分開地坐著

說明此人做事易猶豫不決，習慣獨處，交際只侷限在自己感覺親近者的範圍內。不過，這樣的人很有洞察力，能以最快的速度，對他人的性格做出準確的分析和判斷。

- **把雙腳伸向前，腳踝部交叉**

說明此人喜歡發號施令，天生有嫉妒心理。研究顯示，這還是一種控制感情、控制緊張情緒和恐懼心理，很有防禦意識的一種典型坐姿。

有福同享 有難同當

● 敞開手腳而坐

　　暗示了此人領導者的氣質或支配性的性
格，也可能是性格外向，有時過於自大。女性
若採用這種坐姿，還表明她們缺乏豐富的生活
經驗，所以經常表現得自以為是。

- 坐什麼就靠著什麼

這種人聰明機智，善於處理人際關係，但是胸無大志，缺乏奮鬥目標和生活規劃。

- 坐不安穩，時常挪動屁股

這種人缺乏理性，喜歡新奇的事物，意志不堅定，特別容易被異性所誘惑。

- 坐下來喜歡玩弄頭髮

這種人性急，喜歡吹牛，容易因好色而破財。

- 坐時縮著脖子

這種人性格怯懦保守，沒有進取心，一遇到挫折就怨天尤人。

- 坐時伸著脖子

這種人個性散漫，喜歡享受，經常會受到緋聞或者債務的困擾，容易受騙破財。

● 坐下來，眼睛盯著膝蓋或者腳趾

　　這種人有很強的自卑感。如果不是一個內向的人，那麼他的心中明知道不該欺騙你，但還是想方設法來騙你。

8 「腰」會說話

腰部是最能體現人類內心思想、感情的身體部位之一，挺腰、彎腰、叉腰，都有著特殊的涵義。

- 彎腰的情況可以分為兩種：一種是禮貌的表現，另一種是表示在和對方進行心理較量時，自覺不如對方，甚至懼怕對方，就會採取彎腰的姿勢。

- 挺腰是表示一個人充滿自信，情緒高昂。比如在與對方對峙時，用力挺直身體，試圖造成一種視覺強勢，讓對方屈服。經常以這種方式站立、行走或坐下的人，往往有較強的自信心和自制力，在性格上會有些固執，不願意接受新鮮事物。

- 對女性而言，這個動作一方面是虛榮心的表現，甚至有一種淫蕩的心理暗示；另一方面則是不以為然的表現，意思是根本不把對方放在眼裡。

- 叉腰雖然有示威的意味，卻是一個人心理脆弱的表現，他想透過這種方式來求得心理安

全感。當然，在面對問題的時候，也表示自己很有自信，做好了心理準備。如果一個人將手放腰間，兩隻拇指露在外面，更是流露出強烈的優越感或支配慾。

- 倒叉腰，並且還要插入褲腰部位。這表示當事人有十足的優越感，同時也是向異性示愛的一種表示。

- 淺坐在椅子上而腰部挺直，這是一種缺乏安全感的表現，或者是極度緊張，手和腳都處於「備戰」狀態。

- 深坐在椅子上，腰部放鬆，完全依附於椅子，這表示一個人在精神上處於放鬆狀態。

- 屈蹲低腰，表明這個人的態度非常消極，是一種順從甚至是屈從的表現。有時也可理解為隱藏著攻擊慾念的防衛性姿勢。

9 體格即性格

「好頭不如好面，好面不如好身」，在人的一生中，性格伴隨著體格一步一步走向成熟。因此，從一個人的體格來窺測其性格，也有合理之處。

- 肥胖型的人，性格活潑開朗，善良單純，對周圍環境的適應能力很強，雖然有時候情緒波動可能會很大，但是憑藉良好的社交能力，朋友還是很多。缺點是喜歡吹牛，驕傲自負，自我意識很強，常常對別人比手畫腳。

- 筋骨強壯而體格結實的人，做事認真、講原則。缺點是缺乏幽默感，思想頑固，做事拖拖拉拉，講話囉嗦，喜歡把自己的觀點強加到別人身上。

- 纖瘦但身體結實的人，自尊心強，喜歡爭強好勝，自我意識特別強烈，不懼怕困難和挑戰。唯一的缺點就是固執的性格，不允許別人對自己有任何反對的意見。

- 身體消瘦、呈一柳條狀的人，骨子裡有點自卑，責任心比較強，敏感，甚至有點神經

質。缺點是常常心神不定，情緒波動比較大，容易失去心理平衡。

- 身材異常瘦弱、苗條的人，本性善良、遇事冷靜沉著，然而意志薄弱，容易產生氣餒心理，情緒不易波動，是個令人難以捉摸的人。缺點是對無關緊要的事固執己見，不善變通又很倔強，常常會影響到人際關係的良性發展。

- 成人的體形、臉孔卻如小孩一樣的人，通常比較自我，有著堅強的性格，但又非常任性，喜歡標榜自己。缺點是一旦受人冷淡、摒棄時，嫉妒心會變得很強烈，處於一種歇斯底里的狀態。

10 吃的學問

很多心理學家和交際學家，都把分析人的飲食視為一門必修課，這就替我們瞭解他人提供了一條嶄新的途徑。這樣看來，想要瞭解一個人，最迅速的方式當然是與之共餐了。

 從在餐廳裡找座位的方式看性格

您請

這裡有沒有
大象肉啊

（1）帶領眾人就座的人，不僅判斷力卓越，也極具自信，是會直接表達內心想法的人，但也容易流於獨斷而惹人厭。

（2）總是跟在眾人後面的人，依賴心很強，具有合作的精神。

從點菜方式看是否深思熟慮

（1）速戰速決點菜的人，性子急、擁有領導者特質，但過於獨斷且不相信別人，缺乏深思熟慮的一面。

（2）猶豫不決、無法下決定的人，太過在意別人，缺乏決斷力。

（3）問別人要點什麼菜的人，做事很有要領，個性親切，雖然計畫周詳，卻不會有更深入的想法。

（4）如果一邊問別人、一邊卻點了跟對方不同的菜色，是不在乎他人而自行其道的人。

你是哪種類型的吃貨？

(1) **暴飲暴食型**。這樣的人性格直來直往，
該哭就哭，該笑就笑，但是有時候不懂
得分享。

（2）**淺嚐即止型**。這樣的人性格保守，做事非常謹慎，缺乏冒險精神，創新能力也相對不足。

（3）**愛吃獨食型**。這樣的人大多性格冷僻，喜歡孤芳自賞，但是責任心強、信守諾言。

（4）**細嚼慢嚥型**。這樣的人大多性格嚴謹，
工於心計，做事考慮周詳。缺點是對個
人利益斤斤計較，對人時冷時熱，人際
關係處理得不好。

（5）**風捲殘雲型**。這樣的人大多性格開朗豪

放，不拘小節，做起事情來精力十足。
不足之處是，脾氣急，喜歡爭強好勝，
不會輕易做出讓步。

從吃的習慣性動作來看人

（1）上桌前表現為坐立不安，食物端上來就
　　狼吞虎嚥的人。大多少時家貧，吃過苦，
　　但工作積極肯幹。

（2）講究食具的清潔的人，講究品味，生活
　　有條理，工作起來有條不紊。

（3）食物一上桌，就亂加調味品，醋、醬、
　　辣椒粉都要沾一點。這樣的人生性愛冒
　　險，做事較輕率。

（4）一面進食、一面嘮叨不停的人，處事較
　　性急，且有些咄咄逼人。

（5）吃飯時悶聲不響的人，大多性格孤僻或
　　害羞。

（6）吃完就離開飯桌的人，大多自私，總是
　　以自我為中心。

從握酒杯的習慣看準對方

（1）手持酒杯上方的人，不拘小節、樂天而大方。

（2）手持酒杯中央的人，待人親切，不會輕易拒絕他人的請求，是個好好先生。

（3）手持酒杯下方的人，情緒善變，很在意
　　小節。

（4）兩手持酒杯的人，大多寂寞孤獨，與人
　　接觸的願望強烈，對異性的關心程度也
　　很強。

143

（5）喝酒時搖杯子的人，雖然有多方面的興趣和愛好，但卻容易見異思遷。

（6）一面拿杯子一面吸菸的人，很有自信，但在人際關係上很不順利，大多是獨來獨往。

你把自己睡成怎樣的人

睡相是指睡覺時的姿態。不管你睡覺的時候是側著、歪著、橫著、斜著，還是翻著、滾著，又或是睜著眼、張著嘴、打著鼾，都是睡相中的一種。而這些睡相也會反映出你的性格特徵，甚至身體是否健康。

● **身體睡成大字型的人**

睡覺時仰面朝天、手腳大張，表明這種人充滿自信和希望，能過自己想要的生活，是大人物的睡相。

● **仰臥而彎曲著雙腿睡覺的人**

凡是這種睡相的人，大多主觀意願強烈，有很強的工作能力。

● 身體仰臥，其中一隻腳弓起來，另一隻腳伸直睡覺的人

不管是弓起左腳或右腳來睡覺，都表明此人情緒不穩定，喜怒無常，容易發脾氣，並且愛慕虛榮，常常喜新厭舊。

從健康角度來說，弓起左腳者，表示右半身比較疲倦，胃腸比較衰弱；弓起右腳者，表示左半身比較疲倦，心臟比較衰弱。

147

● 身體側臥而睡成弓字形的人

這種人的本質大多心地善良，聰明而思考能力強，喜歡穩定規律的生活，但有些神經敏感，凡事吹毛求疵。

● 身體側臥，雙腿併攏在一起，下巴緊靠著枕頭，或者枕著手腕睡覺的人

這種人尊重道德、風俗、法律，保守，傾向於合理主義，大多心神健旺，適應能力強，並且極具耐性。

● 側臥而彎曲一腿睡覺的人

這種人自負傲慢，缺乏恆心耐性，看什麼事都覺得不順眼，動不動就鬧脾氣，可以說是一個好勝心強且愛慕虛榮的人。

● 睡覺時手腳縮成一團的人

這種人精力不佳，時常顯現出勞苦的神情，大多處於貧窮和勞碌的境遇中。

從健康角度來說，這類型的人大多數腸胃有問題。

- **睡覺時常常翻身的人**

這種人反應機敏，性子急躁，沒有耐心，在工作和生活中容易出現情緒失控的現象。

從健康角度來說，睡覺中一直往右翻身的人，據說缺乏維生素 B，或胃腸比較衰弱；睡覺中一直往左翻身的人，據說缺乏維生素 C，或心臟比較衰弱。

- **睡覺時容易驚醒的人**

　　這種人心思細密，神經敏銳，時時保持著警覺性，為人聰慧靈敏，小心謹慎。這種人有一個健康的體魄，命運也不錯。

- **睡覺說夢話的人**

　　這種人往往心情憂鬱卻無處傾訴，個性較孤獨怪僻，不喜結交朋友。同時也暗示他正處於心神不定的狀況之中。

- **睡覺時頭部從枕頭一直往下溜的人**

這種人性格懦弱，為人消極，喜歡悄悄地坐在角落，不想要被人發現。

● 仰睡時，雙腳併攏伸直，一腳的小腿或腳後跟疊放於另一腳上的人

如果左腳放在右腳上，說明這種人意志力薄弱，缺乏目標，在健康方面可能是胃腸衰弱，或者有腳氣病；如果右腳放在左腳上，說明這種人個性積極，是個有自信且自負的人，在健康方面可能有心臟衰弱，或者有呼吸器官的疾病。

- **以雙手為枕而睡的人**

這種人感情細膩豐富，容易動情，易念舊，時常回憶過去的時光。

註：把雙手枕在腦後而睡的人，大多同時有雙腿併攏伸直，一腳的小腿或腳後跟疊放於另一腳上的現象，可以將二者合併來判斷。

- **睡覺時眼睛稍微張開的人**

    這種人往往心中有牽掛，憂思重重，有神經質或神經衰弱的傾向。

- **睡覺時不斷作夢並且呻吟的人**

這種人平日裡太過疲勞，未能妥善調養與休息，特別是有事未能解決而精力損耗過多。

- **睡覺時張著嘴巴的人**

這種人嚮往浪漫，不敢承擔壓力大的責任，做事急於求成，缺乏耐性與毅力。

- **睡覺時流口水的人**

　　子女緣薄，大多沒有子女奉終。在健康方面，這種人消化器官比較衰弱，容易得胃病。

- **睡覺時呼吸聲調均勻的人**

這種人個性隨意，無憂無慮，不會被煩惱
所牽絆，身心健康，是個有福氣的人。

- **睡覺時打鼾的人**

　　這種人平易近人，行事光明磊落，但固執
己見，很難接受別人的批評和意見。在健康方
面，太過疲勞，睡覺時容易打鼾；肥胖、呼吸
器官比較衰弱，也容易打鼾。

● **睡覺時咬牙的人**

　　這種人有收藏癖，他們會把全部的熱情都用在收藏上，甚至於到了不達目的絕不甘休的程度。

我的主人和我一樣
忠誠！！

● **睡覺時雙手握成拳頭的人**

　　這種人非常忠誠，能吃苦耐勞，有忍耐力
也有恆心。只要自己認為是合理的、是可行的，
就會一直堅持下去。

● **睡覺時雙手放在胸上仰睡的人**

這種人心地善良，雖不自私，但以喜憎待人，往往無心得罪人。

- **睡覺時雙手放在腹部仰睡的人**

這種人很有忍耐力，而且堅持自己的主張。

● 睡相安靜怡然的人

有這樣睡姿的人往往好運氣常伴身邊，在工作、生活中會得到大家的幫助，尤其對女生而言往往天生麗質，有嫁入豪門之兆。這種睡姿的人身體比較健康，自身免疫力較高，不容易受到病痛的侵擾。

12 透過各種細節看準你

一個人每天都要演繹成千上萬個肢體語言，這些細小的動作往往是他潛意識的真實流露，我們也可以由此洞察他的內心狀態。稍加留意，我們不難發現，舉手投足、一笑一顰，竟然有如此之多的涵義。

 從口頭禪看準對方

（1）「說真的，不騙你」——這種人有一種擔心對方誤解自己的心理，性格有些急躁，內心常有不平。

（2）「應該，必須」——這種人自信心極強，顯得很理智，為人冷靜，自認為能夠將對方說服，令對方相信。另一方面，「應該」說得過多的時候，反映了有「動搖」心理，長期擔任領導職務的人，易有此類口頭禪。

（3）「聽說，據說」——之所以用此類口頭語，是給自己留有餘地的心理形成的。這種人的見識雖廣，決斷力卻不夠。很多處世圓滑的人，易用此類口頭禪。

（4）「可能是吧，大概是吧」——說這種口頭禪的人，自我防衛本能甚強，在處事待人方面冷靜。同時，也有以退為進的

涵義。事情一旦明朗，他們會說，「我早估計到這一點」。

(5)「但是，不過」——這類人有些任性，因此，總是提出一個「但是」來為自己辯解。另一方面也反映了溫和的特點，因為它的委婉意味，不致令人有冷落感。

聽「聲」識個性

(1)高亢尖銳的聲音，發出這種聲音的女性，

情緒起伏不定，對人的好惡感也極為明顯。對環境有敏感的反應，富有創意與幻想力，美感極佳而不服輸。討厭向人低頭。說起話來滔滔不絕，常向他人灌輸己見。如果是男性，個性狂熱，容易興奮也容易疲倦。

(2) 溫和沉穩的聲音，這種人如果是女性，性格內向，經常壓抑自己的情感，具有同情心。如果是男性，乍看上去顯得老實，其實很頑固，不會討好別人，也很難接受別人的意見。

(3) 沙啞聲，女性發出這樣的聲音通常較具個性，即使外表顯得柔弱，也具有強烈的性格。對服裝的品味極佳，也往往具有音樂、繪畫的才能。如果是男性，往往耐力十足又富有行動力。

（4）粗而沉的聲音，不論男女都具有樂善好
　　施、喜愛當領導者的性格。有極佳的交
　　際能力，能和各式各樣的人往來。

（5）嬌滴滴而黏膩的聲音，女性發出這種聲
　　音，通常是極端渴望受到眾人喜愛。這
　　種人往往心浮氣躁，有時由於太過希望
　　博得他人好感，反而招人厭惡。男性若
　　發出這樣的聲音，性格往往優柔寡斷。

透過金錢識人

173

（1）口袋裡時常放著一疊厚厚鈔票的人，相信金錢是最好的廣告，具有炫耀的心理。

（2）攜帶上等錢包的人，做事謹慎小心，有條有理，認為節儉勝於一切。

（3）將錢隨處亂丟的人，對金錢並不看重，
對創作很有興趣。

（4）對鈔票愛不釋手的人，喜歡奢華的生活，
但不願付出代價，只想不勞而獲。

（5）握緊鈔票的人，用錢很謹慎，工作十分努力，但與之相處卻很不容易，因為他們把錢看得太重。

（6）喜歡數鈔票的人，疑心重，不會輕易相信別人。

（1）當男人完全不看帳單就付錢，並慷慨付
　　小費，說明他正在熱烈追求這個女人；
　　當他開始留意帳單上金錢的數目，說明
　　他已經將這個女人追到手了；只是瞄了
　　一眼帳單，然後由女人付帳，說明這個
　　女人已經成為太太，並掌握了經濟大權。

（2）如果女人埋怨男人翻查帳單，又不滿他

付小費吝嗇，說明她並不愛眼前這個男
人。

從無意義動作看準對方

（1）抖腳的人，善惡分明，沒有心機，情緒
不穩定，做事不知輕重。

（2）玩頭髮的人，有優越感但夾雜著自卑感，
常常讓人誤以為他是驕傲的人。

（3）塗鴉的人，這種行為代表著他的自制，
　　　因為有過失敗的經驗，所以極力避免犯
　　　錯。

從整理裙子的姿勢看準對方

（1）坐在公車上，經常拉裙結，或不停拉裙
　　　襬的，一般是少女。

（2）坐在公車上，手頭帶著東西而喜歡放在
　　　膝蓋上的，多半是未婚女性。

（3）一坐到車上後，先把雙手放在腹部，然

後向下拉裙子的，多為有配偶或有性經
驗的女性。

從手機放置的習慣看準對方

(1) 置於手中的人，通常精力充沛，也就是
所謂的工作狂，不到非休息不可的最後
一刻，絕不會停止工作。

（2）置於上衣口袋中的人，善於心計，做事
　　有條不紊，會盡一切的努力，讓生活朝
　　著自己制定的目標前進。

（3）置於腰間的人，有一套自己獨特的想法
　　和做法，坦率而真誠，凡事喜歡留一手。

（4）置於褲袋的人，溫和、友善，但有很強
　　的戒備心理，情緒起伏也很大。

（5）置於包包中的人，自我要求很高，做任
　　何事都會深思熟慮，對人親切卻很少採
　　取主動。

Chapter 5

「第二皮膚」
的語言

透過服飾搭配識人

服裝顯示個人的偏愛

當你每天穿上衣服時，你就將自己表現了出來。雖然你並沒有什麼特別的言語，衣服穿著就已經暴露出你的情緒動向、個人偏愛和性格特質。

小孩子的穿著，暗示著父母，尤其是母親的情緒

（1）和孩子穿相同裝束的母親，說明其情緒不穩定，心理不成熟，內心充滿了強烈的佔有慾和支配慾，同時也具有某種羞怯意識在心裡，她正在抗拒和排斥成為母親的事實。

（2）把孩子的穿著做性別混淆打扮的父母，在內心中希望得到不同性別的孩子，以此用穿著來滿足這一願望。

（3）一個不滿意自己成長經歷的母親，她可能會限制子女穿適合自己年齡層的衣服，以剝奪孩子的正常童年，來發洩自己的不滿。

（4）一個在性方面有問題，或感到不滿足、不適應的母親，可能會將她的子女打扮得過於成熟。

（5）一個童年從未穿過漂亮衣服的母親，往往喜歡將子女穿著打扮得漂亮，以此來獲得補償心理的快感。

（6）父母根據自己的興趣來打扮子女，子女在 10 歲前，無法自由選擇衣著，但是對於衣著也有某些情緒上的偏愛，譬如喜歡制服或某種顏色的情形，通常是受到父母的影響為多。

成年人的穿著透露出來的秘密

（1）年輕人喜歡時裝，代表的是對既定模式的一種反抗態度，表達了年輕人追求哲學的傾向，以及對於唯物主義的失望與痛苦。

（2）喜歡穿異性衣服的人，是一種性認同的
　　混亂現象，容易發生情緒的不安與困擾。

（3）穿著可以發洩情緒和表達出壓抑的慾望，

因此對於自己人格不敢肯定而希望獲得某種程度尊敬的人，或者是個性懦弱和極端依賴的人，就會故意選擇可以穿著制服的職業和工作。

男性衣飾的意義

一、腰帶暴露經濟基礎

（1）腰帶講究的人，生活十分優裕。

（2）衣飾闊氣而腰帶寒酸的人，這種人有目
　　的地裝闊，也許只是為了給人一個好印
　　象，或者是目前才獲得了新職位，但其
　　自我表現及掩飾事實的心理則相同，與
　　其交往，必須注意其有無欺詐意圖。

（3）討厭皮帶，或腰帶鬆鬆垮垮的人，為人
　　任性，不喜歡受到限制或者聽命於人。

　　二、眼鏡暴露性格

（1）眼鏡的品質暗示著男人的經濟實力。

（2）講究眼鏡的品質，比如貴重的鏡框或品牌的人，大多愛慕虛榮，並且喜歡自我表現。

（3）喜歡戴太陽眼鏡的人，有很強的自卑感，情感偏激或者性格懦弱。

（4）鏡片明亮乾淨的人，為人小心謹慎；鏡片骯髒的人，生活散漫，為人任性。

三、襯衫和領帶表現男性的慾求

（1）經常穿單色襯衫的男人，性格相對保守；喜歡穿條紋、格子或花色多、繁雜襯衫的男人，有強烈的慾求，大多聰明自負；喜歡穿藍色襯衫的男人，多情而且保守；喜歡穿黃色襯衫的男人，滿肚子的牢騷和不滿，對女性來說，是個難纏的角色；喜歡穿白色襯衫的男人，個性保守，將自己的慾望深埋在心裡；喜歡穿黑色襯衫的男人，富有冒險精神，精力充沛，對女性有極強的征服慾望；喜歡穿紅色襯衫的男人，自我表現的慾望十分強烈；喜歡穿灰色襯衫的男人，性格內向，不會輕易表達自己真實的想法。

（2）領帶的寬、窄，顯示了一個男人追求異性的熱烈程度，領帶愈寬，對異性的追求就會愈強烈。斜紋的領帶代表勇敢；

垂直線的領帶代表安逸；橫線的領帶代
表平穩；波紋線的領帶代表活潑、跳躍；
圓形的領帶代表飽滿、成熟；方格的領
帶代表熱情；碎花的領帶代表體貼。

從女性的服飾診斷性格

（1）喜歡穿時髦、流行時裝的女人，性格開
放，適應能力強，做事乾脆，但性情變
化較大，忽冷忽熱。

（2）服飾樸素趕不上流行的女人，自負而且
　　 保守，不喜歡與外界接觸，很難向別人
　　 坦露內心。

（3）喜歡穿迷你裙的女人，對自己的身材非
常有自信，但生活經驗和思想還不太成
熟；喜歡穿西裝的女人，性格穩健，為
人誠實，結婚後多為賢妻良母；喜歡穿
喇叭褲的女人，事業心強；喜歡穿熱褲
的女人，聰明理智，但有一點把男性當
作傻瓜來玩弄的傾向。

（4）不束皮帶的女人，個性保守，內心嚮往
自由，在愛情上不願意採取主動；喜歡

束皮帶的女人，希望引起男性的注意；
喜歡奇形怪狀腰帶的女人，對現實環境
不滿，渴望改變現狀或者尋求新鮮的刺
激；喜歡樣式簡單腰帶的女人，聰明理
智，追求理想的同時，能夠控制自己的
慾望；腰帶上打很多孔的女人，往往暗
示著感情有困擾，或者慾求不滿；經常
用寬腰帶的女人，潛意識裡希望追求新
鮮刺激；喜歡將腰帶束得很緊的女人，
常常自我約束，希望放開自己，卻缺乏
勇氣；腰帶鬆鬆垮垮的女人，個性積極，
敢愛敢恨。

從戴帽子看準對方

心理學家研究發現，一個人戴帽子的方式，可以顯露出自己的個性。

- 將帽沿往上或者往後推、把額頭露出來的人，性格高傲，舉止輕佻，容易自滿且缺乏恆心。

- 用力向前拉帽子，遮住眉毛和眼睫毛的人，個性不是深沉憂鬱，就是脾氣暴躁，很難與人相處。

- 帽子戴得端端正正、四平八穩的人，為人正直，富有進取心，做事細心負責，不容易犯錯誤。

- 將帽子戴好後，不時地向左、右兩邊拉的人，活潑開朗，是個幽默感十足的樂天派。

3 首飾和包包透露女人的內心

全方位「掃描」一個人佩戴的首飾和拿的包包，可以窺視她的內心，是不是很神奇？

- 戴著金首飾的女人，有自信心，性格外向、對人友善；戴著銀首飾的女人，遵守秩序，喜歡按照規則辦事；戴著木質首飾的女人，對異性保持著警惕和懷疑，喜歡好管閒事；戴著家傳首飾的女人，有責任感，忠於家庭，對朋友也非常忠誠；戴著非常顯眼首飾的女人，愛表現自己；戴著具有宗教意味首飾的女人，注重炫耀自身的素質；戴假首飾的女人，對外表十分看重，對自己要求也很高；不戴首飾的女人，注重內在，並不留心外表。

- 項鍊上掛一串墜子，象徵內心寂寞；項鍊上的墜子是蝴蝶型或者是蜘蛛型的，性格開放，雖然想獲得男性的垂愛，卻不願意受拘束；項鍊的墜子是雞心型的，性格溫和保

守，感情真摯，但缺乏向男性示愛的勇氣；項鍊的墜子是星型的，自我意識強烈，愛表現，喜歡被人讚美，不願意接受批評。

- 喜歡戴金色大手鐲或者是金屬臂飾的女人，重視金錢和物質；喜歡戴手鍊的女人，內心寂寞，嚮往穩定的生活和情感。

- 將手錶面戴在右手內側的女人，頭腦靈活，性格保守、怕羞，不敢主動表白心意；將手錶面戴在右手外側的女人，個性開朗，喜歡冒險，有很強的表現慾；不喜歡戴手錶的女人，任性、討厭被約束，缺乏責任感，有很強的依賴心。

- 用「混雜」型包包的女人，凡事奉行「無所謂」的態度，待人殷勤熱情，不會斤斤計較；用「整齊」型包包的女人，有強烈的上進

心，辦事可靠，對人彬彬有禮；用「收集」型包包的女人，富於幻想，生活缺少條理；用「全面」型包包的女人，做事認真嚴格，善於處理各種實際問題，很會持家；用「公事」型包包的女人，自信，缺乏幽默感，對事情的看法過於簡單幼稚。

- 喜歡用大型包包的女人，事業心強，很看重金錢、物質；喜歡用小型包包的女人，喜歡享受，沒有理財觀念，花錢大方，熱衷購物。

鞋子「密碼」

想瞭解你身邊的人嗎？很簡單，仔細留意他的穿鞋
習慣就可以了！

203

- **重複購買固定樣式的鞋子**：這種類型的人很念舊、很講義氣，值得信賴。

- **穿的鞋子十分節儉**：這種類型的人個性拘謹、保守，為人處世不夠圓滑，但是在專業領域會透過努力取得成功。

- **穿的鞋子比較隨便**：這種類型的人不拘小節，做事常常眼高手低。

- **穿的鞋子十分正式**：這種類型的人十分傳統，具有大男人主義傾向或者女強人傾向。

- **愛穿休閒鞋**：這種類型的人注重生活品味，對自己有很高的要求，對異性也十分挑剔。

- **喜歡穿平底便鞋**：這種類型的人有藝術家的特質，對自己所追求的非常執著，偶爾也會放縱一下。

- **喜歡穿俏皮時尚運動鞋**：這種類型的人重感

情，思想豁達，但容易衝動和被別人利用。

- **喜歡穿各類編織鞋**：這種類型的人爽朗、好動、風度翩翩，待人處事成熟老練，不會隨便得罪人，事業上通常順利，讓人好生羨慕。

- **喜歡穿輕便涼鞋**：這種人往往是個不拘小節、以自我感覺良好為標準的人。工作盡力，不重得失，卻看重友誼。

5 你是哪種「色彩控」？

今天的世界，如果你不具備「色眼執照」，「人際關係的交通事故」會時常伴隨你。

喜歡紅色：屬於精力旺盛的行動派。

這種人精神飽滿，但是缺乏耐性，常常稍微不順自己的意，就會生氣。

喜歡綠色：基本上是一個追求和平的人。

這種人害怕獨處，喜歡群體生活。因為對群體中每個人的態度都差不多，有時候容易讓人誤認為是個八面玲瓏的人。

喜歡黃色：極富創造力和好奇心。

這種人關心社會問題勝於切身問題，喜歡追求崇高的理想，學問淵博，但內心很孤獨。

喜歡粉紅色：常常想讓自己呈現出年輕、有朝氣的狀態。

喜歡粉紅色的人大多不是俊男就是美女，

散發著一股讓人看到就很舒服的魅力。不過，卻有強烈逃避現實的傾向。這種人優柔寡斷，不喜歡向別人吐露心事，常常躲在自己的小天地中。另外，無法忍受現實的難堪和背叛的人，也會喜歡粉紅色。

喜歡黑色：優雅、神秘的代名詞。

這種人通常很積極，對未來有很好的規劃並付諸努力。在旁人的眼中，是個有主見的人。

喜歡藍色：是個有理性的人。

這種人面對問題常常臨危不亂，在起衝突時，總是默默將事情化解，等到該反擊時，一定會以漂亮的手法讓人折服。乍看之下應該人緣不錯，不過卻不擅長與人交際。

喜歡紫色：有藝術家氣質，容易多愁善感。

這種人觀察力特別敏銳，雖然自認平凡，卻個性十足。容易濫用感情，以致造成很多不必要的誤會。

喜歡棕色：個性拘謹，自我價值觀強烈。

這種人性格耿直，在外表和處理事情的態度上，給人一種信賴感。

6 從化妝看女人心

化妝是女人改變自身形象的法寶，也是她們用來掩藏本來容貌的工具，而善於觀察的人，卻能從中看出女人的性格和其中隱含的慾望。

從化妝的風格進行分析

什麼時候能化完啊?

你都化了一上午了

（1）化時髦妝的女人，對未來缺少必要的規劃，自我表現慾望強烈。

（2）化濃妝的女人，個性比較開放、坦率，思想前衛，對一些大膽的過激行為常持無所謂的態度。

（3）化龐克妝的女人，喜歡標新立異，卻不善於表達自己，骨子裡卻是個循規蹈矩的人。

（4）化自然妝的女人，大多比較傳統保守，思想單純，富有同情心和正義感，但是不夠堅強。

（5）長期化同一種妝的女人，通常具有懷舊情結，為人真誠、熱情，人際關係很好，就是有些跟不上時代的潮流。

（6）花很長時間在化妝上的女人，是凡事都講究盡善盡美的完美主義者。

（7）化淡妝的女人，自我表現慾望不強，凡事都喜歡有所保留。

（8）從來不化妝的女人，對任何事物都不侷限在表層的膚淺認知，更看重實質，內心有非常強烈的平等觀念，並為之努力爭取。

分析化妝時，著重的部位

（1）著重化眼睛的女人，性格衝動，自我意識強，好出風頭，喜歡透過與其他女性比較獲得自我滿足。

（2）著重化眉毛的女人，對自己的外貌可以說極有信心。但如果女人到了中年，還在刻意強調眉毛，就說明她在身體和精力上，都已感到力不從心。

（3）著重化嘴唇的女人，性慾旺盛。

（4）著重彩繪指甲的女人，有很強的表現慾，對物質的需求很高。

（5）重視整個臉部的女人，性格樸實而又內向，做事認真，道德觀念強。

Chapter 6

你所喜歡的從
不說謊

透過個人喜好識人

1 從吸菸看性格

有的人吸菸是為了提神，有的人吸菸是為了耍酷。
日本行為心理學家研究發現，從一個人「怎樣拿菸
在手」、「怎樣叼菸在口」、「怎樣吸菸」、「怎
樣點菸」、「怎樣熄滅香菸」等姿態上，往往可以
洞察他的心理。

男士拿香菸的姿勢

敏感型：用食指和中指指尖夾菸的男士

對流行時尚或時代動向極為敏感，時常展望未來，妥善安排生活。能夠充分享受生活的樂趣，擅長製造氣氛取悅女性，但略顯神經質、善妒。

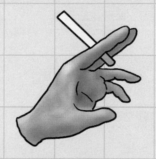

消極型：把香菸夾在食指和中指之間，其餘的手指略為分開的男士

很難隨心所欲，常常因為無法滿足自己的慾望而苦惱，或因過分消極而失敗。即使邂逅自己喜歡的女性，也無意主動向其接近。

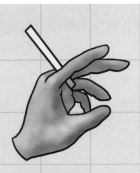

　　冒險型：把香菸夾在靠近食指與中指指根
處的男士

　　為人積極、充滿活力和冒險精神，想做的
事總是盡力去做，而且樂於助人，很得周圍人
的信任。但這種人往往樹敵很多，遭到挫折容
易自暴自棄。

大器晚成型：用食指和拇指夾菸，掌心向內的男士

外表會給人不太值得信任的印象，但卻能重視本身的工作和生活，絕不做非分之想。有自知之明並且腳踏實地，一旦下決心做一件事，就會義無反顧，而且態度十分謹慎，從計畫到實行要花很長時間，進入中年後，方能嶄露頭角。

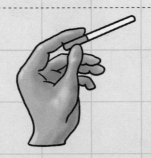

社交型：用食指和拇指夾菸，掌心向外的男士

善於社交，與什麼人都談得來，且很投

機。有什麼說什麼，不善於隱藏，容易被人利用。為人心地很軟，極富同情心。對一見鍾情的女性，很難忘懷。

進取型：用食指和中指夾菸，拇指挺直，不時輕按下顎的男士

大都具有男子漢的氣概，值得信賴。對自己的工作和生活充滿自信，平日對待女性，雖有拒人於千里之外般的冷漠態度，一旦情有所鍾，就會展開猛烈攻勢，必要時，還會採取讓人意外的行動。

女士拿香菸的姿勢

不動聲色型：將香菸拿在拇指與食指間的
女士

這種女性聰明、自負而難纏，絕不輕易洩
露心事，總是擺出一副「你認為呢？」的態度，
往往有玩弄感情的傾向。

交際花型：將香菸夾在中指和食指的指根
處，拇指分開的女士

這種女性十分精明，很能抓住男人的心
理，常常周旋在男人之間，喜歡聽奉承的話，
比較開放和浪漫。

神秘型：將香菸夾在食指和中指之間，拇指輕靠著香菸，彎曲著無名指和小拇指的女士

這種女性豔若桃李，冷若冰霜，總認為你應該瞭解她的心思，一鬧起情緒，能夠冷戰好幾天不說一句話。

享樂型：用食指和拇指拿著香菸，其餘三指曲拳向上的女士

這種女性愛慕虛榮，而且很會享受人生，能夠從呆板的生活中找到樂趣，因此性情變化也比較劇烈。

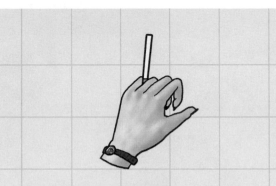

男女平等型：將香菸夾在無名指和小指之間的女士

這種女性很有個性，在言行上有些男性化的豪爽乾脆，聰明能幹，堅持男女平等的主張，大多為引領女權運動類型的女強人。

迷糊型：將香菸夾在中指和食指之間，略曲成拳的女士

這種女性個性爽直，樂觀而傾向隨和、散漫。凡事漫不經心，時而忘記帶錢、帶鑰匙，或記錯約會時間和地點。

 吸菸的姿態

(1) 吸菸者把菸叼在嘴邊，說明這個人是個
    愛管閒事的麻煩人物。而且神經兮兮，
    做事總缺少考慮，很容易輕信別人，時
    常會上當。

(2) 吸菸者把煙氣含在嘴裡，遲遲不願吐出。
    說明這個人極為愛好物質享受。若是每
    每喜歡吐煙圈的，那就不僅愛好物質享
    受，而且有毅力，肯吃苦，做事不屈不
    撓。如果將煙氣吐出後，又用美妙的姿
    勢，將吐出的煙氣抓在手裡，說明這個
    人有豐富的情感。

(3) 吸菸者把煙氣向左方吐去，說明這個人
    常常熱衷於回憶從前的經歷，並且非常
    自私，大抵是招搖撞騙的能手，無論如
    何也很難擺脫「社會敗類」的頭銜。如

果把煙氣向右方吐去，說明這個人有堅
強的意志，而且是個真誠可信賴的人。
這種人很善於辭令，有交際手腕。

（4）吸菸者把煙氣從嘴角一縷一縷地吐出，
說明這個人快樂、文雅，富有情趣；若
張大口腔吐出煙氣，說明這個人胸無城
府，與人交往不會施展什麼陰謀詭計；
如果把嘴唇緊閉，而後一口一口地輕輕
吐煙氣，說明這個人自尊心很強，而且
自負，認為自己的一言一行，都是非常
重要的。

（5）吸菸者將煙氣向地面吐去，說明這個人
有固執的個性，尤其是貪念很大；如果
將煙氣向空中仰吐，說明這個人是一位
理性主義者，也許他正在考慮一項亟待
解決的事情。

（6）吸菸者與人對面談話時，而偏轉頭去吐煙氣，說明這個人很有禮貌，但往往也有人故意這樣矯揉造作，以博人歡心。

（7）吸菸多年而手指無痕跡者，說明這個人個性沉毅，能夠保守秘密。若一根菸僅吸一半便拋棄，隨後又點另外一根菸的，說明這個人沒有恆心，而且愛慕虛榮，常常見異思遷。

（8）習慣深吸一口，然後慢慢吐出煙氣的，說明這個人勞心多用腦筋；凡喜歡仰望煙氣嫋嫋上升的人，多富有幻想力，有耐心；若不彈菸灰而任其自落的，則說明這個人無責任心，凡事馬馬虎虎，得過且過；若不斷用食指彈菸灰，大抵這個人正在思索，煩躁不安；如果將菸尾

用力按在菸灰缸上很久都不放手的，說明這個人心神不寧，或因運氣不佳，遭遇到一些困難；若在未答覆對方問話之前，先吸一口菸，然後回答的，說明這個人的回答一定不是真誠的。

(9) 把菸吸到幾乎燒到手指，說明這個人工於心計，而且為人吝嗇。

(10) 用菸斗吸菸的，說明這個人性情穩定，正直開朗，很會享受生活；吸食雪茄或外國名牌香菸的人，說明這個人自負固執，凡事都以自我為中心，也或者是一個裝模作樣的偽善者。

(11) 吸菸時，愛咬菸頭或用唾液弄濕嘴唇，這是「回歸心理」或不成熟的幼兒心理反應。

2 酒中見人品

常言道：「酒後吐真言。」從一個人選擇的酒的種類、喝酒的場所，以及喝酒的狀態，也可以判斷出一個人的個性。

 透過選擇酒的種類識人

(1) **選擇啤酒的人**：與任何人都談得來，具有服務精神，愛取悅他人，也容易獲得別人的好感。

(2) **選擇雞尾酒的人**：大多屬於喜歡玩樂的新新人類，很重視氣氛。如果不重視口味而重視酒的名字的，屬於喜歡懷舊、易傷感、性格比較脆弱的人。

(3) **選擇威士忌加水的人**：是個重視與別人交往的應酬高手，擅長在聚會和宴會上製造氣氛。在工作上具有敬業精神，很得人好感。

(4) **選擇威士忌加冰塊的人**：是個真正喜歡喝酒的人，同時是個實用主義者，性格開朗大方，但與人交往時好惡分明，容易得罪人。

(5) **選擇白酒的人**：是個充滿活力毫無心機的人，但是缺乏耐心和細心。

(6) **選擇香檳酒的人**：性格比較挑剔，是個不滿足平凡的人，喜歡追求華麗、高貴，個人品味不落俗套，對事情有獨到的見解。

(7) **選擇紅葡萄酒的人**：大多屬於幹勁十足的人，想做就做，凡事都會著眼於當下，對金錢和權力非常執著。相對而言，是個不浪漫，但很穩健、很實際的人。

(8) **選擇白葡萄酒的人**：是一個拼命追求夢想和理想的人，只是常常忽略小節，會因此錯過一些機會。對於女性而言，會是個好伴侶。

(9) **選擇蘇打水的人**：自尊心很強，不甘平庸，有理想、有抱負，不能忍受平靜、單調的生活。

（10）**選擇不喝酒的人**（酒精過敏者除外）：
是隨時讓自己保持清醒的人，害怕酒後吐真言。這種人比較頑固，不願意聽從他人的意見，也不會隨便表露自己真實的感受，與這樣的人相處很費心思，性子急的人（尤其是女人），常常會無所適從。

 透過選擇喝酒的場所識人

（1）喜歡到高級酒吧、俱樂部或酒家喝酒的人

這種人愛慕虛榮，為人虛偽、孤獨，喜歡表現，與其說是去喝酒，不如說是為了尋求精神上的刺激或者慰藉。

（2）喜歡在路邊攤喝酒的人

這種人坦誠樸實，不會裝模作樣，大多只是想以酒來緩解一天的疲勞。

（3）喜歡在簡餐店喝酒的人

這種人大多是為了熱鬧或聯誼的原因，希望能夠輕鬆地喝酒而享受歡樂的氣氛。

（4）喜歡在夜總會、舞廳等場所喝酒的人

這種人是「醉翁之意不在酒」，有的是為了女人，有的是為了款待的對象，但是其虛榮的心理和到高級酒吧喝酒的人一樣。

（5）喜歡到啤酒屋喝酒的人

　　這種人個性拘謹，但是希望放輕鬆。

　　註：以喝酒場所研判性格比較困難，會受到個人的經濟狀況及所交往的朋友層次所影響，正確率難免打折扣。

透過喝酒的狀態識人

（1）喝酒唱歌的人

　　這種人天生樂觀，生活規律，且無不良嗜好，理智清醒，屬於「醉酒心不醉」的人。

（2）醉起來就如另外一個人，喜歡信口開河的人

　　這種人有些怯懦及消極傾向，大多慾求不滿，懷才不遇，所以借酒發牢騷。

（3）喝酒喜歡嘮叨，甚至想找人打架的人

　　這種人情緒不穩定，對目前的情況不滿意，但苦於沒有出路。

（4）醉後哭泣的人

　　這種人個性消極，心理自卑，並且時常遭受輕視，但背後時常牢騷滿腹。

（5）醉後愛笑的人

　　這種人性格樂觀，為人隨和，不拘小節，富有幽默感。

（6）喝醉眼睛發直的人

　　這種人性情溫和，內向消極，慾求不滿，而且酒品不佳。（眼睛發直的程度代表其即將發酒瘋。）

（7）喜歡獨自喝酒的人

　　這種人性格孤獨，拙於辭令及社交，為人拘謹，甚至有些怯懦消極的傾向，但為人聰明、理智，明辨是非。

（8）喝酒時沒有人陪伴就會不痛快的人

　　這種人孤獨寂寞，平時缺乏傾訴的人，時常擔心被別人輕視。

（9）睡前喝酒的人

　　這種人大多孤僻，拙於交際，容易有精神負荷。

（10）喜歡早晨喝酒的人

　　這種人大多不善交際，喜歡找藉口逃避責任。

（11）稍一喝酒就臉紅的人

　　這種人性情溫和，不善做作，說話和做事
直來直往。

（12）喝酒而面不改色的人

這種人沉默寡言，意志堅定而有耐性。

（13）喝酒喜歡猜拳的人

這種人孤獨寂寞，常常憑藉工作和歡樂來排遣孤寂。

3 從喜歡的數字看準對方

你可以不懂阿拉伯語，卻一定知道通行全球的阿拉伯數字。在 0 ～ 9 這 10 個數字中，你最喜歡哪一個？

0 或 4

通常這種類型的人屬於勇往直前的人，做事從來不瞻前顧後，極具魄力。

1 或 9

喜歡這個兩數字的人最富野心，但科學常識差，是個浪漫型的人物。

2、6 或 8

「二分法」是他對事物一貫的看法，因此，性格也被一分為二：對外反應靈敏，像隻刺蝟般保護自己；對內則溫和得像隻波斯貓。

3、5 或 7

這種人是一個敏感、細膩的神經質藝術家，對美感相當重視，喜歡一些富有創意和變化的裝飾。

4 你怎樣喝咖啡，你就是怎樣的人

喝咖啡是一種文化，不同的咖啡品嚐起來會有不同的味道和感受，人們往往會根據自己的心情、愛好選擇，找出最適合自己的一種。

- 喜歡一般即溶咖啡的人：缺乏足夠的耐性，脾氣暴躁易怒，但善於開導自己，以便恢復精神去做其他的事情。

- 喜歡喝冷凍乾燥咖啡的人：很重視自己在他人心目中的形象和地位，他人的評價可能會直接影響到自己的心情。對新鮮的事物充滿好奇，喜歡一探究竟。時常對自己抱有很高的期望，並常在其中迷失自己。

- 喜歡使用電咖啡壺沖咖啡的人：大多有較強的憂患意識，喜歡在事情沒有發生之前未雨綢繆。為人謹慎，但和熟悉的人相處則顯得非常熱情和大方。富有同情心，會主動地幫助他人排憂解難。

- 喜歡使用酒精燈煮咖啡的人：大多有些懷舊的浪漫主義情調，堅持傳統的價值觀，做事保守。

- **喜歡新奇的混合式咖啡的人**：希望把自己塑造成一個完全與眾不同的人物，並且不惜為此花費巨大的時間和精力。不甘於平凡，時常用獨特的觀點和行為方式吸引他人。

- **喜歡自己磨咖啡豆的人**：具有十分鮮明而又獨立的個性，常常自信心爆表，甚至到了自大的程度。做事有章有序，會盡量達到完美的程度。

- **喜歡喝過濾式咖啡的人**：是完美主義的追求者，有比較高的生活品味，為了使自己的付出有更多、更好的回報，往往會延後滿足感的到來。

5 運動露真相

生命在於運動。不同的人會熱衷於不同的運動方式，這也是一個人性格方面的外露。

- **喜歡籃球的人**：大多有遠大的理想和較高的目標，對自己有很高的期待。遇到挫折時也不會灰心喪氣，往往能東山再起。

- **喜歡排球的人**：大多不拘小節，在做事情的時候，對過程的重視程度往往要超出結果許多倍。

- **喜歡打網球的人**：大多文化素養比較高，屬於文質彬彬、有禮貌的類型。這種人在各方面都會嚴格要求自己，使自己達到一個相對較高的層次上，力求完美和完善。

- **喜歡踢足球的人**：對生活持有非常積極的態度，有戰鬥的慾望，拼勁十足。

- **喜歡高爾夫的人**：大多具有經濟實力，可以稱得上是個成功者。這種人也具備了成功者必備的素質：堅強的毅力、寬廣的胸懷、遠大的理想、不達目的不甘休的精神等。

- **喜歡舉重的人**：大多偏重於追求表面化的東西，而忽略實質和內涵。很在乎別人的意見和態度，往往為了迎合別人而改變自己。

- **喜歡慢跑的人**：性格溫和、親切，對人很熱情，有良好的人緣。但是缺乏野心，比較容易滿足現狀。

- **喜歡自行車運動的人**：頭腦靈活，好奇心強，喜歡探索未知的領域。

- **喜歡在體育館或健身俱樂部運動的人**：性格外向，喜歡群體運動，組織能力和紀律都很強。這一類型的人有一個最大的特點，就是好奇心強，喜歡打探別人的秘密和隱私。

6 從購物看個性

想瞭解一個人？很簡單！看看這個人在百貨公司、雜貨店及市場上如何購物，就能夠未卜先知。

- **速戰速決型**：在購物時不願多浪費一分鐘，至於所買商品是否適用，也不多做考慮。這樣的人活潑好動，快人快語。

- **三心二意型**：買東西對這種人而言是一件痛苦的事情，甚至連陪同購物的人和店員都要跟著受罪。這樣的人缺乏判斷力，永遠不清楚自己需要什麼。

- **獨立自主型**：只買自己中意的商品，不會被他人的意見所左右。這樣的人意志堅強，有獨立性。

- **非買不可型**：不管商品是否適用，也不去看價格高低，心血來潮就非買不可。這樣的人容易衝動，喜怒無常。

- **毫無主見型**：外出購物時，若沒有人提供參考意見，就很難拿定主意。這種人的依賴心很重。

- **精明謹慎型**：購物時，如果不是真的合意，不會輕易浪費一分錢，絕不馬虎成交。一般而言，這樣的人穩重、謹慎、負責、守紀律。

- **代辦購物型**：購物時，清楚知道自己要買的牌子和尺碼，只要是自己所需要的，即刻成交。這樣的人大都開朗大方，個性堅毅。

國家圖書館出版品預行編目資料

識相一本通／夢夫人著.
－－第一版－－臺北市：知青頻道出版；
紅螞蟻圖書發行，2014.04
面　公分－－（開運隨身寶；9）
ISBN 978-986-5699-07-9（平裝）

1.行為心理學　2.肢體語言

176.8　　　　　　　　　　　　103004508

開運隨身寶 9

識相一本通

作　　　者／夢夫人
發 行 人／賴秀珍
總 編 輯／何南輝
責任編輯／韓顯赫
美術構成／Chris' office
校　　　對／周英嬌、楊安妮、賴依蓮
出　　　版／知青頻道出版有限公司
發　　　行／紅螞蟻圖書有限公司
地　　　址／台北市內湖區舊宗路二段121巷19號（紅螞蟻資訊大樓）
網　　　站／www.e-redant.com
郵撥帳號／1604621-1　紅螞蟻圖書有限公司
電　　　話／(02)2795-3656（代表號）
傳　　　真／(02)2795-4100
登 記 證／局版北市業字第796號
法律顧問／許晏賓律師
印 刷 廠／卡樂彩色製版印刷有限公司
出版日期／2014 年 4 月　第一版第一刷

定價 220 元　　港幣 73 元

ISBN 978-986-5699-07-9　　　　　Printed in Taiwan